AF256139

Nishan
Sahib

Copyright © 2025 par Narinder Kaur Kataria/TAKSAL Canberra Punjabi School

Tous droits réservés.

En Australie, le droit d'auteur est automatique et protège les œuvres littéraires originales, telles que les livres et les articles, pendant la vie de l'auteur plus 70 ans.

Aucune partie de cette publication ne peut être reproduite ou transmise sous quelque forme ou par quelque moyen que ce soit (électronique, mécanique, enregistrement, photocopie ou système de stockage et de récupération d'informations) sans l'autorisation écrite préalable du titulaire des droits d'auteur.

Publié par :
TAKSAL - École Punjabi de Canberra
Australie
ISBN : 978-1-7646109-3-3

Ce livre est dédié aux enfants sikhs du monde entier, afin de les aider à apprendre et à aimer l'écriture Gurmukhi, la clé pour se connecter avec Guru Granth Sahib Ji et notre héritage sikh.

A propos de ce livre..

L'objectif est d'encourager les enfants sikhi et l'histoire sikh, issus de milieux gurumukhi et non-gurumukhi, à apprendre leurs racines, à comprendre leur histoire et leur héritage et à être fiers de qui nous sommes.

Ce livre explique le concept du Sikh Nishan Sahib.

Le mot Nishan

signifie un signe – il

identifie au monde

qui nous sommes.

Le Nishan Sahib est un drapeau triangulaire sikh en tissu de coton ou de soie, avec un pompon à son extrémité.

Le premier Nishan sahib a été hissé à Akal Takhat Sahib en 1609 par le 6e Guru Nanak, Guru Hargobind Sahib Ji.

C'est à ce moment-là que le Nishan sahib est devenu connu pour la première fois. Au cours de cette période, les Sikhs appelaient le drapeau Aakal Dhuja – bannière éternelle ou bannière éternelle ou Satguru Nishan – le véritable emblème du Guru.

Nishan Sahib, également connu sous le nom de

- Akal Dhuja,
- Satguru Nishan, et
- Jhandaa.

Le Premier Nishan Sahib était principalement utilisé dans les batailles.

Le Nishan Sahib avait un Khanda au milieu et des mots en trois langues : arabe, farsi et korangi.

Maharaja Ranjit Singh possédait également un drapeau qui n'était utilisé que dans les batailles, tout comme le premier Nishan Sahib.

À l'époque du Maharaja Ranjit Singh, les Sikhs avaient besoin d'un Nishan Sahib – un drapeau sikh qui leur était propre.

Un Nishan Sahib comprend les parties

suivantes

Farla

Nishan (symbole Khanda)

Kamarkassa (Couverture de poteau)

Quatre cordes/câbles

Salothar (poteau/hampe de drapeau)

et un Thara (base).

Farla - un tissu de forme triangulaire. Lorsqu'il bat au vent, il invite tout le monde au nom du Guru.

Nishan (symbole Khanda) – nous rappelle d'être à la fois un saint et un soldat – de toujours défendre et avec la vérité.

Kamarkassa -
rappelle aux Sikhs
d'être toujours prêts à
servir et à aider les
autres.

Quatre cordes – qui maintiennent le Nishan – signifient que les gens de toutes les directions peuvent recevoir un message du Guru Granth Sahibji.

Salothar (Pôle/hampe de drapeau) - nous rappelle de toujours nous tenir debout pour et avec la vérité et de toujours nous concentrer sur Simran, d'élever nos pensées plus haut et de mieux penser.

Thara (base) –
déclare que les Sikhs
sont forts, déterminés
et libres.

Le Nishan Sahib original porté par Guru Gobind Singhji avait un Kattar, un Dhal, un Kirpan et soit un Ashtabhuja, un Nangini Barcha ou un Karpa Barcha utilisé comme lance sur le dessus.

Le Khanda Adi Shakti représente un symbole de l'Infini.

La Khanda au milieu est une épée à double tranchant qui représente la connaissance divine – effacer la vérité du mensonge.

Le Cercle du Milieu est un Chakkar. Il représente l'Infini, il n'a ni début ni fin.

Les deux épées sur les côtés sont Miri et Piri. Miri représente l'autorité temporelle et Piri représente l'autorité spirituelle.

un Kattar (un poignard),
Dhal (un bouclier), et
un Kirpan (un sabre) étaient les trois
armes qui constituaient l'insigne sikh
original. Plus tard, ces emblèmes ont
été adoptés par l'Empire sikh et les
Sikh Misls.

À propos de l'auteur

Narinder Kaur est un Amritdhari Sikh, auteur et conteur culturel basé à Canberra, en Australie.

Grâce à son travail en tant que fondatrice de TAKSAL – Canberra Punjabi School, elle se consacre à la préservation des valeurs sikhs, de l'héritage punjabi et de l'écriture Gurmukhi pour la prochaine génération.

Ses livres pour enfants – écrits en pendjabi, espagnol, français, danois, hindi et anglais – sont créés sous forme de seva, pour inspirer les sikhs et les enfants du monde entier à se sentir fiers de qui ils sont et d'où ils viennent. Pour les rêveurs, les lecteurs et les conteurs de demain. Lorsqu'elle n'écrit pas, elle enseigne le punjabi, développe des projets communautaires et partage des histoires qui portent l'esprit du sikhi ou crée des vidéos YouTube pour les enfants.

À propos de TAKSAL – École Punjabi de Canberra

TAKSAL – Canberra Punjabi School est une organisation à but non lucratif en Australie, axée sur l'enseignement aux enfants du sikhi, de l'histoire sikh, du Rehat (code de conduite), de la langue punjabi et de l'alphabétisation du gurmukhi.

Notre mission est d'encourager les enfants sikhs de troisième et quatrième générations – issus de milieux gurmukhi et non-gurmukhi – à apprendre leurs racines, à comprendre leur histoire et à être fiers de leur identité en tant que sikhs.

Chaque livre que nous publions fait partie de cette mission : planter les graines du patrimoine sikhi et sikh pour la prochaine génération.

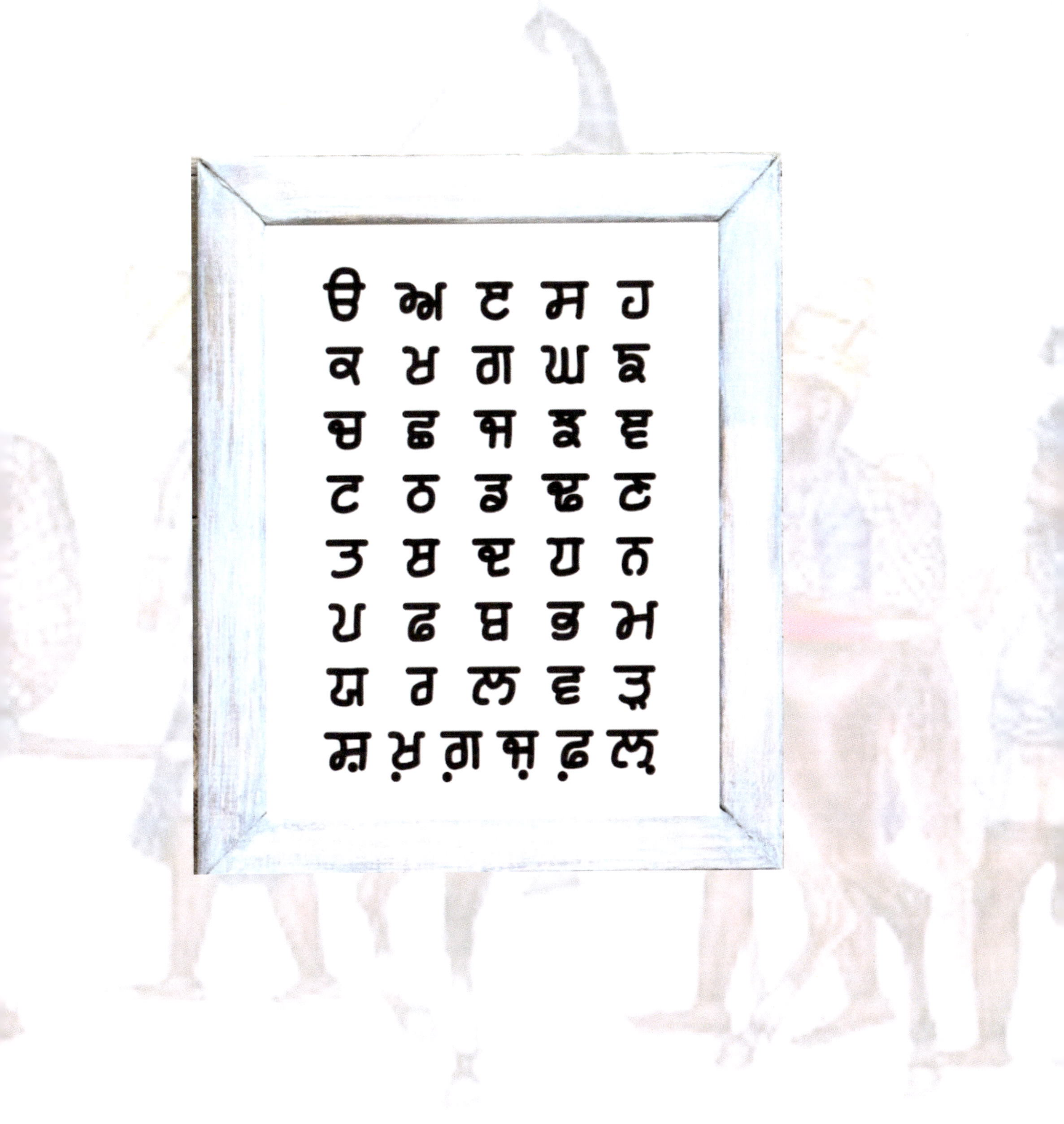

ੳ ਅ ੲ ਸ ਹ
ਕ ਖ ਗ ਘ ਙ
ਚ ਛ ਜ ਝ ਞ
ਟ ਠ ਡ ਢ ਣ
ਤ ਥ ਦ ਧ ਨ
ਪ ਫ ਬ ਭ ਮ
ਯ ਰ ਲ ਵ ੜ
ਸ਼ ਖ਼ ਗ਼ ਜ਼ ਫ਼ ਲ਼

www.ingramcontent.com/pod-product-compliance
Lightning Source LLC
Chambersburg PA
CBRC102023050726
47602CB00012B/163